Unsere Bücher finden Sie im Buch- und Fachhandel und auf

www.egmont-shop.de

IDÉFIX ET LES IRRÉDUCTIBLES
LE RÉVEIL DE LUTÈCE

IDEFIX UND DIE UNBEUGSAMEN
DER WECKER VON LUTETIA

Übersetzung aus dem Französischen: Klaus Jöken

Lektorat: Kathrin Schwarz
Umschlaggestaltung: Michael Möller
Satz: Achim Münster
Herstellung: Stefanie Günther
Redaktion: Annica Strehlow
Produktmarketing: Karoline Westermeyer Benz

Die Geschichten von Idefix und den Unbeugsamen basieren auf den Figuren
aus den Abenteuern von Asterix dem Gallier von René Goscinny und Albert Uderzo

ASTERIX® OBELIX® IDEFIX®/© 2023 LES ÉDITIONS ALBERT RENÉ / GOSCINNY-UDERZO.
Copyright der TV-Serie: © 2021 STUDIO 58/ GMT PPRODUCTIONS
Adaption der Episode »Der Wecker von Lutetia«, Skript von Marine Lachenaud.

Copyright der vorliegenden Ausgabe und der deutschen Übersetzung:
© 2023 – LES ÉDITIONS ALBERT RENÉ / GOSCINNY-UDERZO
© 2023 Hachette Livre.

Text: Catherine Kalengula.
Grafisches Konzept: Yinan Chai.

1. Auflage 2023
© Egmont BÄNG! Comics
Verlegt durch Egmont Verlagsgesellschaften mbH
Ritterstraße 26, 10969 Berlin
Printed in the EU
ISBN 978-3-7704-0731-6

Wer mehr über Asterix, Obelix und Idefix erfahren möchte –
hier werden alle Gallierfreunde fündig:

www.asterix.de  Asterix und Obelix @lartdasterix

www.egmont-baeng.de @egmont_baeng

Die Egmont Verlagsgesellschaften gehören als Teil der Egmont-Gruppe zur
Egmont Foundation – einer gemeinnützigen Stiftung, deren Ziel es ist, die sozialen,
kulturellen und gesundheitlichen Lebensumstände von Kindern und Jugendlichen zu
verbessern. Weitere ausführliche Informationen zur Egmont Foundation unter
www.egmont.com.

INHALT

1. Kikeriki satt.................................... 13
2. Wie Katz und Hahn 29
3. Sinfonix ist verschwunden! 41
4. Ein komischer Gefangener 59
5. Ein Trank mit Huhu-Effekt!............. 73

Wir befinden uns im Jahre 52 vor Christus. Ganz Lutetia ist von den Römern besetzt. Ganz Lutetia? Nein! Eine kleine Schar unbeugsamer Tiere, unter der Führung von Idefix, leistet dem Eindringling Widerstand ...

IDEFIX

Dieser kleine weiße Straßenhund ist bekannt für seine Tapferkeit und Liebe zur Natur.
Er ist allergisch gegen alles Römische und der Chef der „Unbeugsamen".

TURBINE

Turbine ist die beste Freundin von Idefix. Seitdem ihr früheres Herrchen sie ausgesetzt hat, sind die beiden Hunde unzertrennlich.

SARDINE

Sardine ist eine streunende Katze, die immer sagt, was sie denkt. Sie ist frei wie der Wind und kann sehr geschickt mit ihren Krallen umgehen.

ASTMATIX

Astmatix ist eine sehr alte Taube aus Lutetia. Er kennt die Geschichte der Stadt besser als jeder andere und hat im gallischen Freiheitskrieg gekämpft.

WEISSNIX

Dieser komische Uhu lebt beim Druiden Amnesix im Wald. Er braut Zaubertränke, die nie so wirken, wie gedacht. Trotzdem helfen sie den Unbeugsamen immer wieder aus der Patsche!

1 Kikeriki satt

*i*n den Geschichtsbüchern wird immer von berühmten Menschen berichtet. Aber wer spricht über berühmte Tiere? Niemand! Vielleicht erinnert sich noch jemand an den Hund Max, der in einer kleinen Gemeinde Kaliforniens als Bürgermeister regierte?

Alle anderen ... Futsch! Einfach übersehen und vergessen!

Wie wäre es König Ludwig dem Vierzehnten von Frankreich ohne sein Pferd ergangen? Er hätte zu Fuß gehen müssen und das wäre mit seinen Seidenschühchen schrecklich

unangenehm gewesen! Sein Pferd hat also auch einen Beitrag zur Geschichte geleistet.

Aber kennen wir seinen Namen? Eben nicht!

Und das ist nur ein Beispiel unter vielen. All die Hunde und Katzen, die auf ihre Weise eine Rolle in der Geschichte gespielt haben, werden nie erwähnt.

Beim Bellbellenos, es ist höchste Zeit, das zu ändern!

Hier folgt also die Geschichte eines Hundes und seiner Bande unbeugsamer Gefährten …

Vor sehr langer Zeit hieß Frankreich noch nicht Frankreich, sondern Gallien. Und Paris nannte man nicht Paris, sondern Lutetia. Lutetia war keine große Stadt, sondern ein ziemlich kleiner Ort. Alle Häuser hatten Platz auf einer Insel in der Mitte eines Flusses, der Seine.

Nach der Niederlage des gallischen Häuptlings Camulogenos gegen General Labienus übernahmen die Römer die Macht. Sie bauten einen riesigen Palast, den Palast der Wölfin, der die ganze Stadt überragte!

Aber nicht alle freuen sich über diesen Sieg. Unter diesen Unglücklichen ist Monalisa, die Katze des Generals. Wie eine schnurrbärtige Königin herrscht sie über den Palast. Ihr treu zu Diensten ist ihre Leibwache, die aus Zerberus und seiner Meute von Hunden besteht.

Für Monalisa liegt im Schlafzimmer ihres Herrn ein weiches Kissen, auf dem sie ihr Nickerchen macht. Der General hat sogar ein Bild von ihr anfertigen lassen, das nach römischer Art aus vielen kleinen, bunten Steinchen besteht und unter dem sie nachts schläft. Außerdem wird ihr Fressen von einem echten Meisterkoch zubereitet!

Trotzdem sehnt sich Monalisa nach ihrem Leben in Rom zurück! Rom ist kein Dorf wie Lutetia, sondern eine echte Stadt, in der alle Tiere und Menschen höflich und gebildet sind. Dort herrschen Ruhe und Ordnung …

Wo wir gerade von Ruhe sprechen: Wie jeden Morgen erschüttert eine

mächtige Schallwelle die schlafende Stadt. Der Hahn Sinfonix, der sich für einen großen Opernsänger hält, stößt ein ohrenbetäubendes Krähen aus. Sein Kikeriki ist so heftig, dass es die beiden Wachen vor dem Palast umhaut! Paff! Paff!

Auch Monalisa schreckt aus dem Schlaf hoch und an der Wand zerbröselt das herrliche Bild von ihr. Als der Katze die Steinchen auf den Kopf fallen, ist sie gar nicht amüsiert. Überhaupt nicht!

„Ah, jeden Morgen dasselbe!", schimpft sie. „Es reicht! Ich habe dieses elende Provinznest so satt!"

Sie wollte nicht nach Lutetia ziehen. Die Katze musste natürlich ihrem Herrchen folgen! Aber ihre Geduld hat Grenzen.

Genug ist genug: Dieser Hahn hat ein Kikeriki zu viel gekräht ...

Die Bewohner von Lutetia scheinen sich mit der Eroberung durch die Römer abgefunden zu haben. Jedenfalls alle menschlichen Bewohner. Was die Tiere angeht, sieht es nämlich ganz anders aus!

In der Bande der Unbeugsamen hätten wir zuerst den Anführer: Idefix.

Der und klein? So ein Quatsch!
Zumindest ist sein Mut riesig! Wenn
es aber um Geschwindigkeit geht,
gewinnt seine Freundin Turbine
den ersten Preis. Dafür gehen der
für den größten Appetit und der für
Muskelkraft an Dertutnix.

Und nichts kann mit der Schärfe von Sardines Krallen mithalten. Wenn sie ihre Klauen ausfährt, ist es besser, schnell in Deckung zu gehen!
Wusch! Wusch! Wusch!

Gemeinsam haben sie beschlossen, nie vor den Eindringlingen den Schwanz einzuziehen. Niemals!

Wie üblich sind sie in ihrem Schlupfwinkel. Es ist ein kleines, leerstehendes Haus, in dem sie sich treffen und oft die Nacht verbringen, bis das durchdringende Kikeriki von Sinfonix auch sie weckt.

Um das zu überhören, müssten sie schon taub sein!

Die Freunde gehen aus, um zu frühstücken. Auf dem Speiseplan stehen Würstchen aus der Metzgerei, die dem Herrchen von Dertutnix gehört (echt praktisch!). Für Sardine gibt es Heringe.

Nach und nach stehen alle Bewohner auf, um ihren Beschäftigungen nachzugehen. Bald herrscht auf den gepflasterten Straßen von Lutetia ein reges Kommen und Gehen von Kaufleuten, Karren und Kunden.

Ah, Idefix liebt seine Stadt! Während er sich die Mahlzeit schmecken lässt, versucht Turbine verzweifelt, von einem Wurstkranz ein Stück abzureißen und Sardine genießt ihre Fische. Nur Dertutnix hat sein Frühstück längst verschlungen – und zwar mit einem einzigen Bissen!

Nachdem er seine Pflicht erfüllt hat, setzt sich Sinfonix auf ein Fass, um sich mit ihnen zu unterhalten.

„Ah, es ist ja so anstrengend, der einzige Wecker von Lutetia zu sein!", klagt der Hahn etwas aufgeblasen. „Ich bin das Symbol der Gallier, die mit den Hühnern aufstehen."

„Außerdem ärgert es die Römer sicher, jeden Morgen dein Kikeriki zu hören", freut sich Dertutnix.

„Stimmt", bestätigt Idefix. „Du bist fast ein Unbeugsamer, Sinfonix."

Die Freunde versuchen, die Römer auf jede erdenkliche Weise zu ärgern. Sie unsanft aus dem Schlaf zu reißen, ist ein großer Spaß!

„Nun ja, aber in erster Linie bin ich Künstler", erklärt der Vogel stolz.

„Auch wenn ich damit manchem auf die Hühneraugen trete!"

„Bis du irgendwann Federn lassen musst. Hahaha!", scherzt Sardine und widmet sich wieder ihrer Katzenwäsche.

Sie sieht in Sinfonix vor allem einen fetten Gockel. Übrigens scheint ihr Wortspiel dem „fetten Gockel" gar nicht zu gefallen. Aber natürlich ist das nur ein Scherz! Nie und nimmer würde Sardine dem Hahn etwas antun!

Wie Katz und Hahn

Monalisa hat es satt! Jeden Morgen wird sie von diesem verwünschten Sinfonix und seiner ‚Kunst' geweckt. Am liebsten würde sie ihn fressen, damit sie endlich wieder ihre Ruhe hat. Oh ja!

Denn sie schläft morgens gerne aus, um ganz allmählich wach zu werden und sich nach dem Aufstehen lange zu räkeln. Danach macht sie ihre Katzenwäsche. Und dann verlangt sie schnurrend ein leckeres Frühstück.

Wenn ihr das Fressen nicht schmeckt oder es zu kalt ist, schmollt sie. Natürlich bekommt sie dann auf der Stelle etwas anderes serviert.

Sie ist eine Königin, die sich von allen bedienen lässt!

Aber dieser Hahn verdirbt ihr den Appetit. Sie hat fast keine Lust mehr, ihre schlechte Laune an anderen auszulassen. *Fast.*

Denn jetzt reicht es! Das war das letzte Mal, dass der Gockel sie aus dem Schlaf gerissen hat! Dieses Problem muss unverzüglich aus der Welt geschafft werden!

Im Jahre 52 vor Christus gab es noch keine Kochbücher. Rezepte wurden auf Steintafeln eingraviert. Glücklicherweise ist Monalisas Herrchen ein Feinschmecker, deshalb hat die Katze eine große Auswahl.

Sie klettert auf das Regal mit den ordentlich aufgereihten Tafeln. Was ihr nicht gefällt, wirft sie mit der Pfote dem unten sitzenden Zerberus auf den Kopf. Aua, das tut weh! Fisch am Spieß, Schweinebraten ... Nein, nein und nochmals nein, das ist es nicht, was sie sucht.

„Au! Au! Aua!", jammert Zerberus. Er ist schon unter einem großen Haufen Tafeln begraben. Doch plötzlich hört Monalisa auf.

Zufrieden springt sie auf den Boden. Mit boshafter Miene liest sie das Rezept. Hm, das klingt lecker! Nach diesem Festmahl wird endlich Ruhe einkehren. Ein perfektes Abendessen!

„Hähnchen mit Datteln, einfach, köstlich und raffiniert", schnurrt sie.

„Ihr habt Appetit auf Geflügel?", fragt Zerberus.

„Auf Hähnchen", erläutert sie. „Genauer gesagt auf gallischen Hahn. Auf die Art werden wir es endlich los, dieses furchtbare Federvieh. Hahaha!"

Genau in diesem Moment kommt General Labienus herein.

„Beim Jupiter!", ruft er. „Wer hat dieses Durcheinander angerichtet?"

Mit dem Schwanz deutet die Katze auf Zerberus, der kurzerhand hinausgeworfen wird.

Monalisa kann sich ihrem Herrchen ohne Mühe verständlich machen. Und sie weiß ganz genau, wie sie mit dem General umgehen muss.

Mit mehreren klagenden „Miaus" zeigt sie auf die Tafel mit dem Rezept.

„Hähnchen mit Datteln?", fragt ihr Herrchen. „Magst du so was?"

„Miau!", antwortet Monalisa.

„Nun gut. Dann suchen wir dir den allerfettesten Hahn von Lutetia, mein Prinzesschen", verspricht der General zärtlich.

Dafür wird er mit einem Schnurrkonzert belohnt (denn so was mögen Menschen!).

Monalisa hat erreicht, was sie wollte. Der fetteste, vor allem aber unerträglichste, Hahn von Lutetia wird bald im Kochtopf schmoren. Zusammen mit Datteln, um seinen Geschmack zu verfeinern. Ab sofort läuft die Operation „Weg mit dem Wecker!"

Sie muss nur noch warten ... Und vor Glück schnurren.

Am nächsten Morgen verstecken sich lange vor Sonnenaufgang zwei Soldaten in der Nähe des Hühnerstalls. Auch Zerberus und drei Hundesoldaten sind dabei. Die Truppe ist von diesem Auftrag in aller Frühe nicht gerade begeistert.

Einer der Hunde gähnt so sehr, dass er fast das Maul nicht mehr zubekommt.

„Hätten wir das nicht später machen können?", fragt er.

„Sei still!", befiehlt ihm Zerberus. „Da ist die Zielperson."

Die Zielperson ist Sinfonix, der gerade aus dem Stall kommt.

Er klettert auf einen Heuhaufen, um sein berühmtes Kikeriki hören zu lassen.

Zuerst wärmt er seine Stimme auf: „La la la la laaaa!"

Da erklingt ein sehr unmelodischer Schrei neben ihm.

„Zugriff!", brüllt ein Soldat.

Sofort rennen die Hundesoldaten los, um den Vogel zu fangen. Zumindest versuchen sie es. Sinfonix kann den ersten beiden ausweichen und sie rammen die Mauer hinter ihm.

Der letzte hat anscheinend schlechte Augen. Er trifft nicht den Hahn, sondern den Heuhaufen. Das ging daneben!

„Oh, hundsmiserabel!", schimpft ein Soldat.

Aber der Hahn war zu siegessicher.

Zerberus hat sich in einem Winkel versteckt und schnappt ihn, bevor er entkommen kann. Und hopp, ab in den Käfig!

Dann auf zur Palastküche ...

3 Sinfonix ist verschwunden!

In ihrem Schlupfwinkel werden Idefix, Turbine und Dertutnix aus dem Schlaf gerissen. Aber es ist nicht das Kikeriki von Sinfonix, das sie weckt. Sondern die laute Stimme von Sardine.

„Los! Alle aufstehen!" ruft sie.

Idefix schlägt die Augen auf. Was ist denn in seine Freundin gefahren? Sinfonix hat doch noch nicht gekräht. Also kann die Sonne auch nicht aufgegangen sein. Kein Grund, sich aufzuregen.

„Na hör mal, Sardine, geht's noch?",
schimpft er.

„Du bist ja lustig. Weißt du, wie
spät es ist?", erwidert
sie.

Idefix wirft einen
Blick aus dem Fenster.
Ja, tatsächlich, es ist
heller Tag!

Er muss wirklich
sehr, sehr tief
geschlafen haben, um
das Krähen von
Sinfonix überhört zu
haben.

Draußen auf der Straße schaut er
sich verwundert um.

Heute Morgen geht es hektisch zu, alle haben es eilig. Überall herrscht Aufregung.

„Los, aus dem Weg mit deinem Karren!", regt sich ein Mann auf. „Ich bin spät dran!"

Das trifft offenbar auf die meisten Menschen zu. Auch sie haben anscheinend verschlafen.

Dertutnix kann seinem Magen vertrauen, der ist wie eine innere Uhr.

Jetzt meldet er nachdrücklich, dass die Zeit fürs Frühstück längst verstrichen ist.

„Bawuff, Ich habe heute einen Bärenhunger", gesteht er. „Ich lauf schon mal vor, ja?"

„Nur zu, du Vielfraß", sagt Idefix lächelnd. „Aber lass uns was übrig."

„Bis gleich", antwortet sein Freund und rennt los.

Die anderen schlendern hinterher zur Metzgerei. Seltsamerweise ist sie noch geschlossen. Während die drei Freunde vor dem Laden auf Dertutnix warten, rennen zwei Kinder vorbei.

„Jetzt müssen wir bestimmt nachsitzen", befürchtet der Junge.

„Was können wir denn dafür, dass der Hahn nicht gekräht hat?", meint das Mädchen.

Da begreift Idefix endlich, was passiert ist.

„Alle kommen zu spät, weil Sinfonix nicht gekräht hat", erklärt er.

„Vielleicht hat er den Schnabel voll davon, immer nur Kikeriki zu schreien", vermutet Turbine.

Das wäre schon möglich, schließlich hält er sich selbst für einen großen Künstler. Aber Idefix ist anderer Meinung. Er kennt den Hahn und sein Pflichtgefühl. Der Vogel weiß, dass Lutetia ihn braucht!

„Nein", antwortet Idefix. „Sinfonix vergisst nie, uns alle aufzuwecken. Ihm muss etwas zugestoßen sein."

Im selben Moment kommt Dertutnix aus der Metzgerei. Mit leeren Pfoten!

„Bawuff", ruft er. „Meine Herrchen sind zu spät aufgewacht und hatten keine Zeit, um Würstchen zu machen."

Die Freunde seufzen tief. Anscheinend müssen sie auf das Frühstück verzichten.

Was ist nur mit Sinfonix passiert?

„Los, kommt", ruft Idefix. „Zum Hühnerhof! Vielleicht finden wir dort eine Erklärung."

Dort liegen überall Federn herum. Das kann nur eines bedeuten: Hier hat ein Kampf stattgefunden!

Sardine sagt nachdenklich: „So viele Federn … Als hätte jemand ein Hühnchen zu rupfen gehabt!"

„Ganz klar … Sinfonix ist entführt worden!", bestätigt Idefix. „Wir müssen ihn suchen."

Dafür ist er mit seiner Spürnase bestens ausgerüstet! Er schnuppert am Boden, dann in der Luft. Schon hat er eine Fährte aufgenommen!

„Da lang!", ruft er.

Der Rest der Bande trabt hinter ihm her durch die Straßen. Plötzlich stehen sie vor dem Palast! Die Spur führt hierher. Das bedeutet nichts Gutes!

„Heiliger Knochen, die Römer haben Sinfonix entführt!", folgert Idefix.

„Was machen wir?", fragt Dertutnix. „Hinein mit Gebell?"

„Nein", antwortet Idefix. „Zu riskant. Wir wissen nicht, wo er eingesperrt ist und der Palast wird gut bewacht."

Wenn sie einfach nur hineinstürmen, werden sie vielleicht auch gefangengenommen. Idefix überlegt. Natürlich! Sie brauchen einen Späher! Zum Glück weiß der Chef der Unbeugsamen, wo er einen finden kann. Idefix führt seine Bande aus der Stadt heraus in den Wald. Dort, hoch oben in einem Baum, lebt einer seiner gefiederten Freunde.
„Weissnix, wach auf!", ruft Idefix. „Wir brauchen deine Hilfe!"

Der Uhu sieht nicht gerade erfreut aus, als er aus seinem Bau herausschaut. Er schläft nämlich am Tag und ist in der Nacht wach.

Doch das ist seinen Freunden piepegal!

„Huhu", uhut er. „Uhum diese Uhurzeit?"

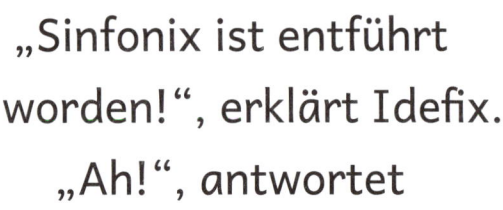

„Sinfonix ist entführt worden!", erklärt Idefix.

„Ah!", antwortet Weissnix erfreut. „Uhund jetzt braucht ihr einen Zauhubertrank von mir, richtig?"

Idefix bezweifelt, dass es echte Zaubertränke sind, die der Uhu mixt. Sie funktionieren nie so, wie geplant! Oder ist es gerade das, was sie so ‚zauberhaft' macht?

„Äh, nein, nein, Weissnix", lehnt er ab. „Wir brauchen dich. Du sollst unauffällig über den Palast fliegen und rausfinden, wo Sinfonix versteckt wird."

„Na guhut", erwidert der Uhu ein bisschen beleidigt. „Dann eben kein Zauhubertrank."

Mit ein bisschen Glück bekommt er vielleicht später noch Gelegenheit, einen zu brauen … Huhu!

In der Palastküche liest Monalisa inzwischen noch einmal das Rezept durch.

Der dicke Gockel ist ja jetzt da. Sie wusste, dass sie sich auf ihr Herrchen verlassen kann! Er liest ihr jeden Wunsch von den Augen ab.

Das ist wirklich ein schöner, fetter Hahn. *Mjam!* Sie leckt sich das Schnäuzchen.

Der Vogel dagegen begreift überhaupt nicht, warum er in den Palast gebracht wurde.

„Gnädigste, ich bin wirklich sehr geschmeichelt, aber ich singe nie für Römer", versichert er. „Das müsst Ihr verstehen. Ich habe meine Prinzipien."

Das trifft sich gut. Monalisa hat ihn ja fangen lassen, um ihn am Krähen zu hindern! Mit ihren scharfen Krallen kratzt sie über die Tafel.

Dann schiebt sie Sinfonix eine Schüssel mit Datteln vor den Schnabel.

„Natürlich. Doch vielleicht ändert Ihr Eure Meinung nach einer leckeren Mahlzeit?", schlägt sie vor. „Ein paar Datteln für ein Konzert? Hahaha!"

„Ich meine … äh … es wäre nicht sehr gallisch, das abzulehnen, oder?", antwortet der Hahn gefräßig.

Gierig steckt er seinen Kopf in die Schüssel.

„Sie machen Eure Stimmbänder stark", bestätigt Monalisa und ergänzt leise: „Und Euer Fleisch köstlich zart. Hahahahaha!"

Eigentlich werden die Datteln erst beim Kochen hinzugefügt. Aber wer hält sich schon an Rezepte?

Und das Fleisch schmeckt noch besser, wenn es von innen gewürzt wird.

4 Ein komischer Gefangener

Weissnix hat hinter einem Fenster gesessen und alles mitangehört. Jetzt fliegt er zu seinen Freunden zurück, die vor dem Palast warten.

„Oh … Einen Uhu am hellen Tag fliegen zuhu lassen …", meckert er. „Ihr solltet euch schämen!"

„Hast du unseren Hahn gesehen?", fragt ihn Idefix.

„Ja", antwortet Weissnix. „Sinfonix ist in der Küche. Doch ich konnte nicht näher ran. Monalisa war ständig bei ihm."

Sinfonix in der Küche mit Monalisa … Hm, das hört sich nicht gut an. Sie müssen ihn schnell befreien!

„Das ist bestimmt die Hölle für Sinfonix", befürchtet Idefix.

„Kein Problem! Zuhufällig habe ich hier einen Trank", ruft Weissnix und will etwas unter seinem Flügel hervorziehen.

„Nein, Weissnix", unterbricht ihn Idefix. „Deine Zaubertränke wirken nie. Dertutnix, du bist dran!"

Das lässt sich sein Freund nicht zweimal sagen. Er läuft zu den beiden Soldaten, die vor dem Palasteingang Wache stehen.

Er will sie nicht angreifen – für eine Rauferei ist später noch Zeit – sondern anpinkeln.

„He! Hohoo!", ruft einer der Soldaten. „Der Köter spinnt doch!"

„Los, mach sitz!", ruft der andere.

Aber Dertutnix hebt ein Bein. Ein bisschen Pipi hier, ein bisschen dort. Die Wachen ergreifen die Flucht.

Der Weg ist frei!

Ohne eine Sekunde zu verlieren, huschen Idefix und Sardine in den riesigen Palast hinein.

Die Küche ist leicht zu finden. Idefix muss nur der Fährte von Sinfonix folgen.

Huch, auf einmal biegt Zerberus um eine Ecke!

Sardine springt mühelos in eine große Vase, um sich darin zu verstecken. Idefix hüpft und hüpft, aber er schafft es nicht, so hoch zu kommen, wie seine Freundin.

„Na, bist du etwa zu klein?", neckt sie ihn.

„Klein?", erwidert er. „Wer ist hier klein? Die Vase ist nur zu groß!"

Trotzdem ist er froh, als Sardine ihm hilft, hineinzuklettern.

Es ist ein glücklicher Zufall, dass der Koch genau diese Vase danach in die Küche trägt und anschließend wieder geht.

Als die beiden Freunde ihr Versteck verlassen, entdecken sie Sinfonix, der in einem Käfig hockt und eine Dattel nach der anderen verschlingt. Mit ihren Krallen knackt Sardine das Schloss blitzschnell. Schon ist der Gefangene frei!

„Schnell, raus mit dir, Sinfonix. Wir müssen hier weg", drängt ihn Idefix.

Doch der vollgefressene Hahn rührt keine Feder.

Erstens weil sein Bauch fast platzt. Zweitens ahnt er immer noch nicht, was Monalisa vorhat. Er ist felsenfest davon überzeugt, dass er nur hergebracht wurde, um ein Konzert zu geben.

„Keine Sorge, Freunde", erklärt er. „Ich habe den Römern schon gesagt, dass ich nicht für sie singe. Ich lasse mir nur die köstlichen Datteln ihrer Katze schmecken."

„Die mästen dich doch nur mit Datteln, um dich in den Kochtopf zu stecken, du dummer Gockel!", erklärt ihm Sardine.

Den Hahn scheint das nicht zu überzeugen. Ihn kochen? Ein lächerlicher Gedanke! Künstler werden doch nicht gegessen. Sie werden bewundert!

„Hohoho! Lutetia seiner schönsten Stimme berauben? Da lachen ja die Hühner!", gackert Sinfonix.

Na, so was! Das hat Idefix noch nie erlebt: Ein Gefangener, der sich weigert auszubrechen!

Neben ihm wird Sardine langsam ungeduldig.

„Also Plan B. Wir zwingen ihn, mit uns zu kommen", sagt sie.

Zu spät! Der Koch kehrt zurück!

„He, was habt ihr hier zu suchen?", ruft er wütend und wirft seine Messer nach ihnen. „Raus, ihr Viecher! Sonst kommt ihr auf die Speisekarte!"

Blitzschnell springen Sardine und Idefix aus dem Fenster.

Jetzt könnten sie dringend eine helfende Pfote gebrauchen!

Jemand muss vor dem Palast ordentlich Lärm machen, damit der Koch aus der Küche gelockt wird.

Glücklicherweise sind Dertutnix und Turbine unschlagbar darin, Krawall zu veranstalten! Idefix beginnt zu bellen. Natürlich verstehen seine Freunde das Signal.

„Idefix ruft uns!", schreit Dertutnix. „Turbine, los, zu mir!"

„Äh, ich war doch schon bei dir?", wundert sie sich.

Sie rennen so schnell an Weissnix vorbei, dass der sich wie ein Kreisel um die eigene Achse dreht.

Angriff!

5 Ein Trank mit Huhu-Effekt!

Die Soldaten vor dem Palast machen gerade Pause. Sie haben keine Ahnung, dass ein Angriff bevorsteht. Seelenruhig nippen sie an ihren Getränken und plaudern über ihre Urlaubspläne.

„Ich habe heute beim General meinen Urlaub beantragt", verkündet der eine. „Es geht nach Hispanien."

„Ach ja?", wundert sich der andere. „Willst du da deinen Sold am Strand verballern?"

Plötzlich sausen zwei Kanonenkugeln auf sie zu.

Oh nein, keine Kanonenkugeln, sondern Turbine und Dertutnix. Einer der Soldaten erkennt die Bulldogge sofort wieder und ruft:

„He, das ist doch der Köter von vorhin!"

Dertutnix stößt ein Kriegsgebell aus, das nichts Gutes verheißt:
„Bawuuuff!"

Erschrocken ducken sich die Wachen hinter ihre Schilde.

Doch das kann Dertutnix nicht aufhalten. Er rennt sie einfach um und die Soldaten wirbeln durch die Luft.

Bamm! Bamm! Bamm!

Oben auf dem Dach reiben sich Idefix und Sardine die Pfoten.

„Jetzt sind sie abgelenkt!", freut sich die Katze.

„Hilf du Turbine und Dertutnix", sagt Idefix. „Ich rette Sinfonix!"

Er versucht, zum Küchenfenster hineinzuspringen. Leider erfolglos.

Ah, diese Römer! Warum bauen die immer nur Dinge, die viel zu hoch für ihn sind? Machen die das mit Absicht?

„Sardine?", fragt er bittend. Sofort hilft ihm seine Freundin hinauf.

Unterdessen stürmen Dertutnix und Turbine auf den Palasteingang zu.

Leider erwarten sie dort zwei Hundesoldaten! Hinter ihnen taucht auch noch Zerberus auf. Den Gegner in die Zange zu nehmen, ist eine alte römische Taktik!

„Hahaha!", lacht Zerberus hämisch. „So, jetzt sitzt ihr in der Falle!"

Aber er hat sich zu früh gefreut.

Von hinten springt ihm Sardine auf den Rücken. Zack! Zack! Zack! Schon entsteht die schönste Rauferei!

Den Hunden ergeht es übel. Entweder werden sie von Sardine gekratzt und gebissen, von Dertutnix über den Haufen gerannt oder von Turbine herumgewirbelt.

Das verschafft Idefix Zeit, um Sinfonix zu befreien!

Wie geplant ist der Koch aus der Küche gelaufen, um nachzuschauen, was der Lärm zu bedeuten hat. Trotzdem ist keine Zeit zu verlieren, weil er jeden Moment zurückkehren kann!

Der Hahn hängt inzwischen an einem Strick mit dem Kopf nach unten über einem brodelnden Kessel.

Nicht um ein Schwitzbad zu nehmen, oh nein. Er soll gekocht werden! Anscheinend hat Sinfonix endlich begriffen, dass seine Freunde die Wahrheit gesagt haben. Langsam bekommt er Angst.

„Hallo?", ruft er. „Ist da wer? Hier wird die Situation langsam brenzlig."

Da hat Idefix eine Idee.

Er legt eine Knoblauchknolle in eine Suppenkelle und springt dann auf den Griff.

Wie eine Kugel trifft die Knolle eine an der Wand hängende Pfanne.

Diese schleudert ein Messer hoch, das kreuz und quer durch die Gegend saust. So dicht am Kopf von Idefix vorbei, dass der kurz die Ohren anlegen muss.

Schließlich schneidet es das Seil durch, an dem Sinfonix hängt. Geschafft! Idefix fängt ihn im letzten Moment auf, kurz bevor er in die Suppe plumpst.

„Gut. Diesmal kommst du aber mit!", befiehlt er ihm.

Der Hahn verspricht: „Nie wieder lasse ich mich von meinem Appetit zu irgendetwas verleiten!" Er ist so vollgefressen, dass er kaum laufen kann.

Doch da taucht Monalisa in der Küche auf.

Die Katze will nachschauen, wo ihr Mittagessen bleibt! Sie findet es gar nicht lustig, dass der Hahn gerade fliehen will.

„Ihr geht nirgendwohin!", faucht sie und starrt Idefix giftig an. „Du, Mikrobe!"

„Wer ist hier 'ne Mikrobe?", ruft Idefix beleidigt.

Ist doch wahr! Diese Katze ist kaum größer als er!

Monalisa wendet sich zur Tür und ruft: „Der Gefangene bricht aus!"

Zu ihrem großen Pech sind die Hundesoldaten beschäftigt! Die anderen Unbeugsamen gewähren ihnen keine Verschnaufpause.

Von denen kann Monalisa keine Hilfe erwarten.

„Ich muss mir wohl selbst die Pfoten schmutzig machen", faucht sie.

Nicht nur die Pfoten, auch die Krallen, die sie drohend ausfährt. Doch gerade als sie die einsetzen will, taucht Weissnix auf. Er hat eine kleine Feldflasche in den Krallen.

„Schon zuhur Stelle! Weissnix, der Helfer in der Not!", uhut er, während er über ihr kreist.

Schwupp, schon schüttet er seinen Zaubertrank über der Katze aus, die auf einmal in eine bunte Wolke gehüllt ist.

„Von jetzt an tuhust du alles, was ich dir befehle, Monalisa", fährt der Uhu fort, nachdem er neben Idefix gelandet ist. „Duhu wirst schon sehen, dass mein Trank wirkt."

Doch der Trank wirkt kein bisschen so wie geplant. Dafür sieht die Katze plötzlich aus, wie in den Farbeimer gefallen. Ihr seidiges, herrliches Fell ist kunterbunt gefleckt!

Als sie ihr Spiegelbild in einer glänzenden Pfanne sieht, fällt sie vor Schreck in Ohnmacht. Beim Bellbellenos, damit hat Idefix nicht gerechnet! Jetzt aber nichts wie weg hier!

„Äh, das war nicht die Wirkung, die ich erwartet habe", gesteht der Uhu.

„Egal. Das ist doch lustig", lacht Idefix. „Komm, gehen wir!"

Auftrag ausgeführt!

Spät am Abend hat sich Monalisa immer noch nicht beruhigt. Sie putzt und putzt sich, aber diese verflixten Flecken wollen einfach nicht verschwinden!

In ihrem ganzen Leben hat sie sich noch nie so schmutzig (und lächerlich) gefühlt.

Und um allem die Krone aufzusetzen, ist der Hahn entwischt!

„Ich finde, diese bunten Farbtupfer stehen Euch ausnehmend gut", versucht Zerberus sie aufzumuntern. „Sie wirken frisch und fröhlich. Sie verleihen Euerm Pelz ein ... Wie soll ich sagen ..."

Dieses Gerede macht Monalisa nur noch wütender.

„Genug!" faucht sie. „Ihr habt die Unbeugsamen entkommen lassen. Und den gallischen Hahn ebenfalls! Ihr Versager! Heute keinen Fressnapf!"

Mit dem Schwanz wirft sie das Fressen ihrer unglücklichen Wachen um. Die Ärmsten müssen hungrig schlafen gehen. Wenn sie überhaupt schlafen können ...

In der Ferne erklingt nämlich ein lautes: „Kikeriki!"

Diesen Freudenschrei hat Sinfonix ausgestoßen, nachdem er mit seinen Freunden im Schlupfwinkel angekommen ist.

Beinahe wäre ein großer Künstler wie er im Kochtopf gelandet.

Unfassbar! Zum Glück waren die Unbeugsamen da, um ihn zu retten.

Die alte Taube Astmatix erwartet sie schon.

„Nun, meine kleinen Welpen. Habt ihr daran gedacht, mir Brotkrumen mitzubringen?", fragt er.

„Tut mir leid, Astmatix, wir haben keine gefunden", entschuldigt sich Idefix.

Doch dank Sinfonix werden der Bäcker und alle anderen Einwohner von Lutetia am nächsten Morgen wieder pünktlich geweckt werden. Ende gut, alles gut.

„Die ganze Aufregung hat mich hungrig gemacht", erklärt der Hahn, der seine Datteln längst verdaut hat. „Danke, meine Freunde! Kikerikiii!"

Gemeinsam stimmen sie laut jaulend in seinen Gesang ein. Ob es den Römern gefällt oder nicht, noch haben die Unbeugsamen ihr letztes Wort nicht gesprochen!

ENDE

IDEFIX
und die Unbeugsamen!

IDEFIX KEHRT SCHON BALD MIT EINEM NEUEN ABENTEUER ZURÜCK!

Die Abenteuer von Idefix gibt's auch als Comic!

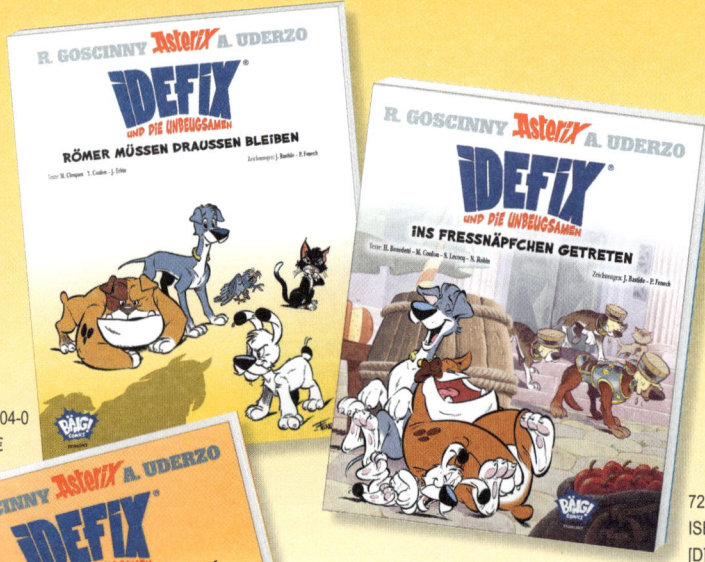

72 Seiten
ISBN 978-3-7704-0704-0
[D] 9,99€ / [A] 10,30€

72 Seiten
ISBN 978-3-7704-0712-
[D] 9,99€ / [A] 10,30€

72 Seiten
ISBN 978-3-7704-0723-1
[D] 9,99€ / [A] 10,30€

Band 4 erscheint im Juli!

Wer mehr über Asterix, Obelix und Idefix erfahren möchte –
hier werden alle Gallierfreunde fündig:

www.asterix.de Asterix und Obelix @lartdasterix

www.egmont-baeng.de @egmont_baeng

© 2023 STUDIO 58 / GMT PRODUCTIONS. DROITS D'ADAPTATION : LES EDITIONS ALBERT RENÉ. © 2023 LES EDITIONS ALBERT RENÉ / GOSCINNY- UDERZO. ASTERIX ® OBELIX ® IDEFIX ®